AF263415

PROFESSION DE FOI

D'UN AMI

DE LOUIS-LE-DÉSIRÉ,

OU

RÉPONSE A LA LETTRE

D'UN

FRANÇAIS AU ROI.

PROFESSION DE FOI

D'UN AMI

DE LOUIS - LE - DÉSIRÉ,

OU

RÉPONSE A LA LETTRE

D'UN

FRANÇAIS AU ROI,

Par J.-B. CONSTANTIN,

Avocat à la Cour royale de Douai, demeurant à Lille.

Opinionum commenta delet dies.
Cicero de naturâ deorum. lib. 1.

PARIS,

DÉLAUNAY, Libraire, Palais Royal.
LE NORMANT, Imprimeur-Libraire, rue de Seine.

LILLE,

VANACKERE, Libraire-Éditeur, Grande Place.

RÉPONSE

A LA LETTRE

D'UN FRANÇAIS AU ROI.

Depuis que la révolution a exalté les têtes et tourné les esprits vers la politique, il n'est pas un chétif écolier à peine sorti du collège, qui ne se croie un *Platon*, un *Hobbes*, un *Montesquieu*; armé du *contrat social* de J.-J. Rousseau, dont ils ont parcouru quelques chapitres, sans y rien comprendre, tous se donnent les airs de régenter les Rois, de déchirer les anciennes institutions, et de bâtir sur leurs débris de nouveaux systêmes de gouvernement devant lesquels doit fléchir le génie des *Solon* et des *Lycurgue*. Il paroît que la France devroit être revenue des prestiges de tous ces charlatans; l'expérience qu'elle a faite de leurs plans merveilleux, devroit la mettre en garde contre les ridicules essais que l'on soumet encore à sa crédulité. Mais hélas! les leçons du passé sont rarement profitables; nous ne savons pas jouir du présent, et malgré notre pétulante activité, nous nous élançons rarement vers l'avenir : en 1815 comme en 1793, les *droits de l'homme*, les *devoirs des Rois*, la *souveraineté du peuple*, la *liberté* et *l'égalité*, la *destruction des préjugés*, *l'empire des idées libérales* sont des talismans que l'on offre encore à nos esprits toujours avides d'un bonheur idéal. Des écrivains mercenaires, ou emportés par la fougue d'une imagination déréglée, inondent le public des productions de leurs cerveaux délirans; peu leur importe de charger notre horison politique de nuages gros de tempêtes, peu leur importe de soulever toutes les passions, d'armer tous les intérêts, et de maintenir la France dans l'abîme des maux où ils l'ont replongée. Semblables au génie du mal, le bouleversement de tout principe, l'anéantissement de tout ordre, sont le but de leurs démarches et le fondement de leurs jouissances. Plusieurs libellistes ne dissimuloient pas leurs intentions ; le *Censeur* et le *Nain jaune* en particulier, sapoient les bases du trône et préparoient le retour de l'usurpateur ; le premier employoit les ressources d'une dialectique captieuse, d'une éloquence digne des beaux jours de l'anarchie ; le second distilloit le venin du ridicule, du persifflage sur nos institutions monarchiques, sur les véritables amis du Roi : séduire, égarer et corrompre, tel étoit le résultat qu'envisageoient dans un très prochain avenir, ces deux champions de la démogagie, dont plusieurs autres écrivains subalternes suivoient les étendards. Le succès a couronné leurs efforts ; ils rient en voyant l'ange exterminateur déployer sés aîles affreuses sur notre malheureuse patrie ; ils promettent bien de ne pas s'en tenir là, et d'égorger le Souverain avec l'arme de sa propre indulgence : déjà ils reprennent leur ancienne tactique ; singes du séditieux *Carnot*, ils attaquent tout ce qu'il y a de bon, et préconisent toutes les mesures qui pourroient le détruire.

Examinons donc un seul de ces misérables écrits ayant pour titre : *Lette d'un Français au Roi,* qui se trouve dans le *Morning-Chronicle* du 15 Septembre dernier ; quoique le texte, tel que nous l'allons rapporter, ne soit que la traduction d'une traduction, cependant les langues françaises et anglaises ne diffèrent pas de manière à ce qu'on puisse craindre ici des contre-sens notables. Tout ce que l'Auteur pourra regretter, sera la perte de son coloris ; mais dans un ouvrage de pur raisonnement, les graces du style, le nombre des périodes et l'éclat des figures ne sont que des accessoires propres tout au plus à flatter l'oreille, mais dont l'esprit fait volontiers le sacrifice. Après ces observations préliminaires, nous aborderons franchement la discussion des conseils, ou plutôt l'examen des leçons que notre sublime Auteur veut bien donner au Roi de France.

LETTRE

D'UN FRANÇAIS AU ROI.

Texte. Sire, les évènemens qui se sont passés pendant quinze mois, sont sans exemple, dans les annales de l'histoire. La France deux fois envahie par les puissances de l'Europe.

Observations. Nous partageons à-peu-près l'opinion de l'Auteur; la phrase ouvre assez majestueusement son discours, quoique si l'on vouloit vétiller, on trouveroit peut-être, en relisant l'histoire avec une certaine attention, qu'elle présente plusieurs évènemens du même genre que ceux dont parle l'Auteur.

Texte. Un homme sorti du sein de la révolution qui l'a élevé à l'Empire, banni et rappelé par la Nation.

Observations. Tout ceci n'est pas textuellement vrai, ne confondons ni les principes, ni les faits, ni les époques. *Buonaparte* est sorti du sein de la révolution, comme une infinité d'hommes nouveaux qu'elle a comblés d'honneurs et de richesses, parce qu'ils avoient suivi le torrent de cette révolution comme les reptiles suivent le cours des rivières; mais ce n'est point la révolution qui a élevé *Buonaparte* à l'Empire : elle a pu être une des causes occasionnelles de cette élévation, sans en avoir été le mobile immédiat. La révolution contenoit dans son principe tous les germes d'anarchie qui ne tardèrent pas à se développer : l'anarchie devoit par une conséquence immédiate conduire au despotisme qui ne pouvoit être qu'un despotisme militaire, en raison des armées immenses dont l'organisation fut nécessitée par la trop juste résistance des États de l'Europe à la propagation des doctrines révolutionnaires qui menaçoient de bouleverser l'Univers. Tout autre général que *Buonaparte*, qui auroit joint un peu de politique à l'ascendant que la bravoure exerce toujours sur les esprits, auroit pu de même abuser de ses victoires, et étouffer sous ses lauriers, la liberté d'un peuple plus accessible au sentiment qu'à la réflexion : mais que l'on regarde *Buonaparte* comme l'enfant chéri de la révolution, dans le berceau duquel cette aimable fée eût caché un sceptre qu'elle devoit lui remettre un jour; c'est une supposition absurde, ou la révolution n'auroit pas toujours eu le caractère que lui ont donné ses plus ardens sectateurs quand ils disoient : *qu'elle ressembloit à Saturne qui dévoroit ses enfans*. Que n'a-t-elle mangé *Buonaparte* dans une de ses saturnales!

Buonaparte régnoit par suite des illusions fondées sur ses victoires; aussitôt que l'armée reconnut qu'il n'étoit pas invincible, elle l'abandonna; le charme disparut, le masque tomba et le héros s'évanouit : le grand homme pour qui l'Univers n'étoit pas assez grand, alla bien tristement cacher sa honte dans une petite île, et se livrer à des méditations bien amères, si sa conscience s'y étoit rendue partie intervenante. Il est faux que *Buonaparte* ait été *rappelé par la Nation :* son retour a été le résultat du plus odieux complot, de la plus criminelle intrigue; c'est ce que personne n'ignore. L'armée corrompue, consomma l'ouvrage, et tint sous le joug le reste de la Nation dont le vœu n'étoit pas équivoque. C'est gratuitement deshonorer cette Nation, que d'attribuer à sa volonté les effets d'une violence dont elle étoit la première victime.

Texte. Le successeur des Rois de France, remis après 20 ans d'exil sur le trône de son grand-père, et le perdant peu après, par les erreurs de sa famille et l'incapacité de ses ministres.

Observations. Pourquoi *remis sur le trône de son grand-père* et non sur celui de son frère? est-ce parce que vous regardez comme légale la destruction de ce trône prononcée par la convention nationale dans sa première orgie? si telle est votre opinion, je pourrois en déduire de singulières conséquences; mais je ne veux pas vous presser avec trop de rigueur. *Les erreurs de sa famille!* il seroit assez difficile de les particulariser : la famille royale n'a jamais dévié des voies de justice et de douceur adoptées et constamment suivies par son auguste chef. Je sais qu'on a fait un crime à Monseigneur le duc de BERRY de s'être montré sévère à l'égard de quelques officiers : il a dit-on, arraché la décoration à l'un de ces officiers qui crioit en sa présence, *vive l'Empereur*, en ce cas, je trouve que son A. R. a eu tort, mais c'est de ne pas avoir fait fusiller l'officier à la tête de sa compagnie. Monseigneur le duc d'ANGOULÊME a mérité l'estime publique par sa belle conduite dans le midi; MADAME s'est montrée la digne petite fille de *Marie-Thérèse*, son héroïsme fera époque dans les annales de Bordeaux; MONSIEUR a toute l'aménité de son grand-père, toute la loyauté chevaleresque d'un Bourbon. Il me semble qu'il n'appartient qu'à de stupides animaux, de ne pouvoir supporter l'éclat de la grandeur, quand il est tempéré par les charmes de la bienfaisance. *L'incapacité de ses ministres!* sans doute M. l'abbé de *Montesquiou* n'étoit qu'un imbécile, M. de *Talleyrand* un écolier, M. *Louis* un mauvais calculateur; il faut bien se rejetter sur l'incapacité de ses ennemis, quand on ne peut avouer hautement la trahison et la forfaiture des chefs de sa secte.

Texte. Enfin ce même successeur des Rois rétabli de nouveau dans son autorité, à l'aide de plus de 600,000 hommes de troupes étrangères, telles sont les circonstances, qui ont mis le comble aux calamités de notre pays.

Observations. Nouvel effet de la tactique de nos ennemis! c'est pour arrêter leurs désordres qui menaçoient l'Europe d'une conflagration générale, que les puissances alliées ont fait rentrer en France leurs nombreuses armées : il faut accuser le Roi d'un malheur qu'il avoit prévu et qu'il auroit voulu prévenir. Français, ne croyez pas que les alliés ne soient revenus sur votre territoire que comme simples auxiliaires de Louis XVIII, et dans l'unique but de le replacer sur son trône : leurs déclarations sont là : daignez les lire : ils disent que leurs efforts n'ont pour objet que d'assurer l'indépendance et la sécurité de l'Europe, que cet objet rempli, ils laisseront la Nation française libre d'adopter telle forme de gouvernement qu'il lui plaira de choisir : ce n'est que subsidiairement qu'ils ajoutent que les vertus de Louis XVIII leur offrent toute la garantie qu'ils peuvent désirer. Le régent d'Angleterre a déclaré que le rétablissement des Bourbons n'étoit pas la condition, *sine quâ non*, de la cessation des hostilités; ne regardez donc pas le Roi comme la cause immédiate des maux qui pèsent sur vous, mais comme une espèce de rédempteur qui s'interpose entre vous et les puissances alliées pour empêcher votre ruine, votre dispersion, votre deshonneur et votre anéantissement total.

Texte. Votre Majesté est pour la seconde fois ramenée dans cette France qui fonde sur elle ses plus chères espérances : il y a quinze mois, vous étiez regardé comme le libérateur de votre pays, vous êtes venu accompagné de la paix; vous nous aviez promis une bonne Constitution, et le peuple témoigna hautement sa gratitude et sa joie; son affection fut sans bornes, et il ne crut devoir en mettre aucune à votre pouvoir; il vous adora comme le père de la Patrie, et vous révéra comme son idole. Mais à ces sentimens d'un amour imprudent et sincère, se mêla l'encens d'une adulation servile et corruptrice. Des hommes qui pendant vingt années ont vécu loin du trône et des dangers de leur patrie, usurpèrent la place de citoyens qui, pendant ce temps, avoient exposé leur vie pour la défense de l'Etat, et qui seuls auroient dû entourer votre personne.

Observations. Le Roi ne se contenta point de nous promettre une bonne Constitution, il nous la donna; je crois bien qu'elle excita la gratitude et la joie du peuple : le peuple français est naturellement bon et aimant, quand des agitateurs ne tourmentent pas ses affections, et n'en détournent pas le cours pour les faire servir à l'exécution de leurs coupables projets. Quant à l'encens d'une adulation servile et corruptrice que des courtisans firent fumer devant le Roi, ceci est un lieu commun que l'Auteur a pu lire dans tous les livres de morale et notamment dans Télémaque; mais il ne reçoit point et ne peut point recevoir d'application relativement à Louis XVIII : sa Constitution et sa conduite prouvent de reste combien il est ennemi d'une servile adulation; ceux qui l'approchent savent que son noble cœur dédaigne un aussi méprisable hommage, ils savent que la perspicacité de son génie perceroit bien vîte le voile dont voudroient se couvrir l'hypocrisie et l'égoïsme.

Que S. M. ait mieux aimer s'entourer des compagnons de son infortune, que des proxénètes de la révolution, cela est assez naturel : si le Roi eût adopté un autre système de conduite, la France auroit peut-être maintenant à pleurer un nouveau régicide, nôtre sort seroit celui des juifs dispersés, et réunissant par un rare assemblage la haine et le mépris de l'univers.

Texte. Ces nobles d'une gothique antiquité, vous persuadèrent que vous étiez la Providence d'une Nation dont vous n'étiez que le premier Magistrat.

(10)

Observations. Ceci me rappelle que *Buonaparte* trouvant le titre de *Majesté* trop au-dessous de son pouvoir, y avoit substitué celui de *Providence* que lui donnoient ses courtisans. Ce n'est pas dans ce sens que le titre de *Providence* fut jamais appliqué à Louis XVIII, il fut et il est encore véritablement la *Providence* conservatrice du peuple français, image en cela de cette *Providence divine* qui du sein des orages, fait naître le repos et le bonheur.

Ne nous méprenons point sur les termes. Louis XVIII n'est point le premier magistrat du peuple, il en est le Souverain. Nous reviendrons plus tard sur cette idée qui mérite quelques développemens.

Texte. Ils mirent votre volonté au-dessus de celle des lois, vos intérêts à la place de ceux de l'Etat.

Observations. La volonté du Roi déclarée dans la forme constitutionnelle n'est que la volonté de la loi. *Si veut le Roi, si veut la loi.* Les intérêts du Roi, sont identifiés avec ceux de l'État; on ne peut porter atteinte aux uns, sans détruire les autres.

Texte. Tout ne fut rapporté qu'à votre personne, et le descendant de Henri IV fut entouré de ces marques de déférence futile et fastueuse réservés aux cours des tyrans de l'Asie. Au lieu des conseillers dont vous aviez besoin, vous n'eutes que des esclaves; les perfides! ils vous ont appris à oublier qu'un Etat où tout le monde est disposé à ramper, n'est pas moins monstrueux que celui où chacun a l'ambition de commander.

Observations. Il y a dans tout ceci lieu commun, bêtise et fausseté. La pompe asiatique, dont on suppose le descendant de Henri IV entouré, n'a rien de comparable aux quarante mille janissaires pompeusement enharnachés qui composoient la garde de *Buonaparte* et dont l'Auteur de la Lettre ne parle pas. La cour d'un Roi de France ne peut jamais être trop brillante, la magnificence est un accessoire indispensable pour frapper les yeux et l'imagination d'un peuple que ses qualités aimables portent naturellement à la frivolité. Si le Roi n'avoit pour trône qu'un fauteuil de bois, et pour sceptre qu'une branche de noyer, on commenceroit par le tourner en ridicule, on finiroit par le chasser : tel est l'empire de la mode qui, en France, s'exerce sur tout : un Roi chez nous a presque autant besoin de coquetterie, qu'une jolie femme pour plaire et se faire aimer.

Quant aux *esclaves* substitués aux *conseillers* dont le Roi avoit besoin, et qu'il devoit tenir immédiatement de la main du *Censeur* et du *Nain jaune*, la prétention est trop ridicule pour être sérieusement combattue.

Texte. Ils vous ont décidé à donner cette Charte qui fut violée impunément aussitôt qu'elle fut accordée; on fit a l'opinion publique des concessions qui aussitôt furent révoquées.

Observations. C'est ce que nous nions positivement, l'Auteur fait des allégations en l'air, nous attendrons ses preuves.

Texte. Au lieu de vous rendre le chef du peuple français, ils ont préféré de vous faire celui des chouans et des vendéens.

Observations. Il falloit dire, au lieu de vous livrer à l'armée de *Buonaparte* qui vous eût égorgé, ou livré à son digne chef, ce qui revient au même, ils ont tourné vos regards vers les Vendéens qui avoient toujours été les plus fermes et les plus fidèles appuis du trône, et qui eussent écrasé l'usurpateur, si les puissances alliées n'étoient venues consommer l'acte dont ils avoient si heureusement pris l'initiative.

Texte. La liberté de la presse fut suspendue.

Observations. La charte garantit la liberté de la presse, mais il ne falloit pas que cette liberté dégénérât en licence et trouvât la mort dans son exercice; une loi régulatrice de cette belle prérogative d'un peuple libre fut solemnellement discutée et adoptée par les représentans de la Nation; cette loi sage prévient les bouleversemens que pouvoit entraîner l'abus de la presse : les insinuations perfides, les machinations adroites qui minent sourdement les réputations, le persifflage ingénieux, l'arme si dangereuse du ridicule qui envenime les intentions les plus pures, paralyse l'action du gouvernement en deversant le mépris sur les dépositaires de sa confiance, les attaques directes contre la réputation des fonctionnaires publics, des magistrats les plus intègres, les éloges habilement distribués aux complices de grands crimes ou de grandes erreurs; tout cela ne devoit-il pas être soumis aux ciseaux de la censure ? Hélas! il faut le dire, si la presse eût été enchaînée, la France ne seroit pas aujourd'hui en proie aux humiliations et aux désastres de toute espèce.

Texte. Un ministre aussi insolent qu'absurde se jouant de la raison et des représentans du peuple, assura audacieusement à la tribune que la censure d'un *Chéron* et d'un *Démersan* rappelleroit à Paris la mémoire de la censure de *Caton* à Rome.

Observations. M. l'abbé de *Montesquiou*, recevez ce soufflet; mais comme la main qui vous l'applique n'est pas bien vigoureuse, vos joues n'en seront pas plus enflées. *L'absurdité et l'insolence* dont le correspondant du Roi vous accorde la patente, deviennent la propriété des représentans du peuple qui adoptèrent la loi de la censure : l'insulte n'est jamais bien douloureuse quand on la partage avec une assemblée respectable, l'élite de la France. L'Auteur met sur votre compte une balourdise, en supposant que vous avez confondu la censure des livres avec celle des individus; mais on sait à quoi s'en tenir à cet égard; il me vient une idée; si les hommes travaillés de la démangeaison d'écrire, étoient tenus de subir un examen, avant qu'ils leur fût permis de prendre la plume, s'ils devoient préalablement faire preuve de talens, de moralité et de bonnes intentions, le public ne seroit plus inondé de pamphlets écrits sans goût et sans logique; les politiques renfermeroient leurs vues profondes, leurs plans admirables, dans l'enceinte obscure d'un cabaret: il est vrai que S. M. perdroit quelques correspondans, quelques conseillers; mais il faudroit bien qu'elle se contentât de ceux qui lui resteroient.

Texte. L'irrévocabilité de la propriété nationale fut ébranlée. L'égalité des droits ne fut plus qu'un nom.

Observations. Tout cela est faux. La Charte constitutionnelle a garanti l'irrévocabilité de l'aliénation des biens nationaux; des actes postérieurs du gouvernement viennent encore à l'appui des promesses solemnelles et sacrées du Roi. Aussi ne peut-on citer en France aucune infraction à ces promesses; tout ce qu'on a dit de contraire à cela n'est que le résultat des manœuvres perfides des scélérats qui vouloient perdre le Roi, en le dépopularisant. Il est vrai que quelques jurisconsultes ont voulu démontrer dans des mémoires, l'illégalité de la vente des biens des émigrés; mais ils ont été poursuivis devant les tribunaux, et leurs argumens n'ont troublé aucun acheteur dans la jouissance paisible de ses acquisitions. Quant à l'égalité des droits, on ne voit pas qu'elle ait jamais été méconnue : que l'on produise un seul acte public qui justifie l'assertion de l'Auteur, et je passe condamnation sur le reste.

Texte. Ce fut une vertu d'avoir trahi son pays, et un crime de l'avoir servi.

Observations. L'Auteur veut sans doute parler ici des émigrés ; je ne reviendrai pas sur une matière discutée dans tous les sens. Les émigrés ont servi la cause du Roi, s'ils sont coupables, le Roi l'est également. Mais revenons aux principes, sans nous attacher aux autorités. A l'époque où les émigrés quittèrent la France, elle étoit en combustion ; le peuple étoit redevenu une multitude sans lois, sans moralité, la patrie n'étoit plus qu'une arêne de gladiateurs où il falloit tuer ou se faire égorger. Le Roi légitime conservoit toujours ses droits, il étoit donc permis de leur prêter la force des armes. Les français égarés par un esprit de vertige et acharnés contre leur Souverain, ressembloient à des enfans furieux qui embrâseroient la maison paternelle, leur père ne seroit-il pas alors autorisé à faire jouer les pompes, quand elles devroient noyer quelques-uns des incendiaires ? au reste, nous raisonnons ici dans une hypothèse purement gratuite, les émigrés ne prétendirent jamais asservir ni ravager la France ; ils ont voulu détruire les agitateurs et les scélérats qui la désoloient ; ils ont eu pour but le principal ouvrage que les Souverains alliés viennent de terminer si heureusement. On ne peut de ce chef attaquer les émigrés, sans faire retomber sur les puissances alliées le poids de la même censure.

Texte. Le despotisme des . . . . et des ministres, s'éleva pour anéantir les droits les plus sacrés.

Observations. Vous multipliez les assertions, donnez-nous enfin des preuves.

Texte. A l'intérieur, le pouvoir exécutif agissant en sens contraire à la législature et à l'opinion publique, fit présager une longue et sanglante anarchie.

Observations. Tout cela est faux. Le pouvoir exécutif

n'a pas cessé d'être en harmonie avec le pouvoir législatif. Quant à *l'opinion publique*, c'est ici un mot qui ne signifie rien ou qui signifie trop. Si par *opinion publique*, vous entendez celle de la plus considérable et de la plus saine partie de la Nation, les actes du pouvoir exécutif ne l'ont jamais contrariée, si, au contraire, vous n'entendez par *l'opinion publique* que celle des *journalistes* de la faction anti-royale, je suis à peu-près de votre avis. Le *Censeur* regarde comme des traîtres tous les députés qui ne répètent point ses paradoxes. Il y a long-temps que lui et les autres journalistes qui portent les livrées de l'anarchie ont adopté la maxime :

Nul n'aura de l'esprit hors nous et nos amis.

Texte. A l'extérieur la France avilie, tomba du rang où vingt années de gloire l'avoient élevée.

Observations. A qui la faute ? est-ce Louis XVIII ou *Buonaparte* qui a creusé le précipice ? est-ce Louis XVIII ou *Buonaparte* qui l'avoit refermé ? est-ce Louis XVIII ou *Buonaparte* qui l'a rouvert.

Texte. Le Roi de France se reconnoissant lui-même le vassal d'un régent d'Angleterre, la Nation fut indignée de cet outrage fait à son honneur et à son indépendance.

Observations. Vous n'êtes ici que l'écho des impostures publiées par *Buonaparte* après son évasion de l'île d'Elbe. Vous insultez le Roi pour l'avilir : Sa Majesté a eu la généreuse franchise de reconnoître les efforts de l'Angleterre pour le replacer sur le trône, mais un acte de gratitude est-il un acte de bassesse et d'esclavage ? vous avez beau torturer les mots, vous ne parviendrez jamais à confondre les choses. La Nation française, si elle se donne la peine de vous lire, ne verra dans vos belles phrases que la perfidie plâtrée du vernis de l'intérêt national : avant d'apprendre au Roi ce que c'est qu'honneur et indépendance, commencez par apprendre vous-même ce que c'est que pudeur et vérité.

Texte. Une révolution se préparoit quand Napoléon parut.

Observations. Personne ne l'ignore, mais quel en étoit le but? quels en étoient les provocateurs?

Texte. Vous aviez négligé les droits de la Nation, et la Nation vous abandonna; elle vous laissa tomber d'un trône auquel elle vous avoit appelé pour le bonheur de tous, et non pour celui d'une poignée de flatteurs et de partisans du despotisme.

Observations. Le Roi n'a négligé aucun des droits de la Nation qu'il avoit consacrés par sa Charte. C'est l'armée et non la Nation qui abandonna le Roi, j'en atteste les habitans des grandes cités, notamment ceux de Lille et de Bordeaux. La Nation ne laissa tomber le Roi du trône que lorsqu'elle fut elle-même sous l'empire des bayonnettes. Voulez - vous acquérir la preuve complète de ce que j'avance? interrogez-les dispositions du peuple à la rentrée de *Buonaparte* et à celle de Louis XVIII, ces deux instans sont décisifs en faveur de mon systême.

Texte. Votre Majesté peut prendre pour l'avenir des leçons dans les vicissitudes du passé, les évènemens de votre vie et même les erreurs de Napoléon peuvent aussi vous servir d'avertissemens utiles.

Observations. Les *erreurs de Napoléon!* comme le style de ces messieurs, est à l'eau rose, quand ils parlent de l'ex-empereur !

Texte. Votre retour s'est effectué à l'aide des armées étrangères; presque toutes nos provinces sont envahies, le sang français a coulé : au milieu du tumulte qui vous a accompagné dans la capitale, Votre Majesté n'a pu remarquer le nombre de terres devenues stériles, ni entendre le cri de l'orphelin qui réclame un père égorgé par la main de l'ennemi, et cependant dans une espace de huit jours, soixante mille citoyens ont été tués et des milliers d'ha bitations ont été entièrement détruites.

Observations. Tous ces maux ne sont que trop réels : Sa Majesté les avoit prévus, avant son départ de la France ; mais sa voix ne fut pas plus écoutée que celle de Cassandre. Les yeux de l'armée étoient fascinés par l'éclat de ses anciens triomphes ; le char de la révolution rouloit de nouveau dans la carrière du crime ; la main de la vertu étoit impuissante pour l'arrêter. Si l'armée, loin de détrôner le Roi légitime eût, comme elle en avoit fait le serment, uni ses efforts contre l'usurpateur ; le sol de la France seroit intact ; l'honneur national n'auroit point éprouvé d'atteinte ; la paix et le bonheur seroient assis sur des bases inébranlables.

Texte. Ne vous trompez pas, Sire, la majeure et la plus estimable partie de la nation, ceux que guide le desir du bien public vous protégeront, quoiqu'ils n'ayent point favorisé votre retour. Vous pouvez être aimé, mais la France réclame aussi votre premier amour.

Observations. L'Auteur ne nous apprend rien de nouveau : quant à l'amour du Roi pour son peuple, c'est une folie d'en douter.

Texte. Parmi les cris de *vive le Roi !* on entend toujours ceux de *vive la nation ! vive la liberté !*

Observations. J'avoue que les cris de *vive le Roi !* n'ont point cessé de frapper mes oreilles depuis que je suis rentré en France ; mais je n'ai pas encore entendu crier *vive la nation !* ni *vive la liberté !* il est vrai que nous n'avons dans notre pays ni *fédérés* ni *corps-francs.*

Texte. Ceux qui desirent entourer votre personne ne sont point des sujets affamés de voir un Roi, mais des hommes qui veulent apprendre aux étrangers que, liés par un sentiment commun, ils ne cesseront jamais de former une Nation, et qui, dans leurs acclamations, accueillent celui qui fera respecter leurs droits. Le peuple français que vous revoyez encore, est rempli de sentimens vifs et généreux, mais il n'est point emporté par un enthousiasme inconsidéré : l'ivresse de la gloire est passée; degagé des illusions d'une extravagante domination dont il a reconnu l'injustice et le danger, il est prêt à mourir pour la défense de la patrie, de la liberté et du pouvoir qu'il remet en vos mains, et que vous administrez pour le bien public.

Observations. Il y a dans ce passage un tant soit peu de galimathias ; nous le laisserons couler sans y faire beaucoup d'attention. Nous observerons néanmoins que si les étrangers pouvoient jouir du spectacle que leur annonce le correspondant du Roi, ils auroient sous les yeux une assez singulière pantalonade. Nous avons aussi remarqué plusieurs expressions tirées des proclamations et discours de *Buonaparte* à son assemblée du Champ-de-Mai.

Texte. Il veut un chef, mais il ne reconnoîtra jamais un maître.

Observations. Ceci est un peu vague ; on eût mieux compris l'Auteur, s'il eut dit : il veut un Roi, mais il ne reconnaîtra jamais un tyran. La Charte a posé les limites du pouvoir par un pacte synallagmatique entre le Souverain et la Nation.

Texte. Sire, placez votre confiance dans ces soldats à qui vous auriez dû confier la garde d'un trône qu'ils ont si bien et si glorieusement défendu. Que de maux vous auriez épargnés à votre pays en vous attachant aux vétérans de l'honneur et de la victoire!

Observations. Ceci passe la plaisanterie. Le Roi s'est joliment trouvé d'avoir mis sa confiance dans un Ney, un Labédoyère, un Lefèvre-Desnouettes, les frères Lallemant, un Drouet, un Debelle, un Brayer, etc. etc. Encore une confiance semblable, le trône est détruit, et la France n'est plus; le conseil que donne au Roi son correspondant est aussi raisonnable que celui qu'on donneroit au Roi de Naples de placer son trône sur le cratère du Vésuve.

Texte. Abolissez toutes les anciennes institutions.

Observations. L'Auteur ne ressemble pas mal à Homère qui créoit des héros fantastiques, pour avoir le plaisir de leur casser la tête : qu'il nous dise quelle est celle de nos anciennes institutions que la révolution n'a pas engloutie ? Veut-il parler ici de l'antique noblesse que Sa Majesté a ressuscitée? Mais elle a également maintenu la noblesse moderne, de sorte que, sous ce rapport, le procès entre l'ancien régime et la révolution se trouve terminé par la transaction la plus heureuse et la plus sage. Les publicistes du premier ordre, comme tous les hommes de bon sens, conviennent que la noblesse est un corps intermédiaire que la raison a placé entre le Souverain et la Nation, pour arrêter la gravitation de l'un vers le despotisme, et de l'autre vers l'anarchie; que l'Auteur nous signale les autres institutions anciennes dont il provoque l'anéantissement, nous discuterons ses motifs; mais jusqu'à présent il est impossible d'attaquer ou de défendre un être dont on ne soupçonne pas l'existence.

Texte. Vos prédécesseurs gouvernoient des esclaves, vous avez des hommes à gouverner ; que cette révolution dans les institutions sociales date de l'époque de votre règne. Serez-vous indifférent à tant de gloire! pourriez-vous préférer le pouvoir absolu à un pouvoir doux, ferme et sanctionné par tous, qui, unissant par un lien commun le prince et le citoyen, rameneroit la prospérité dans toute l'étendue de la France et recevroit journellement les bénédictions du peuple!

Observations. Tout ceci n'est que du papillotage philo-

(20)

sophique. L'Auteur met toujours en question ce qui est clairement résolu. Qu'il lise la Charte, il y verra l'accomplissement de ses désirs, et l'extinction de ses incertitudes.

Texte. Dans un moment de saint enthousiasme pour tout ce qu'il y a de bon et de grand, la Nation française s'est levée en masse en 1789, pour renverser la tyrannie féodale, et en votre qualité de prince français, vous avez soutenu ses droits; vous avez donné un grand exemple en préférant les droits du peuple, aux privilèges usurpés de la noblesse; les principes qui, depuis ce temps, vous ont mis les armes à la main, ont survécu à l'orage révolutionnaire.

Observations. De grands abus inséparables des institutions humaines s'étoient glissés dans le Gouvernement; des réformes indispensables étoient vivement provoquées. Louis XVI cédant aux désirs du peuple, convoqua les états-généraux. Mais les représentans de la nation renversèrent l'édifice, pour n'avoir pas la peine d'y faire les réparations qu'il exigeoit. On leur demandoit de bonnes lois, ils proclamèrent des maximes désorganisatrices; on vouloit la conservation du Gouvernement monarchique, ils sappèrent les bases du trône; et firent de Louis XVI un Roi de Théâtre; ils prononcèrent des discours superbes, mais le peuple n'avoit pas besoin de belles phrases; on fit pleuvoir les décrets sans éteindre ses maux; il avoit la fièvre, ses représentans, médecins habiles, lui laissèrent la gangrène.

Les vœux de la Nation pouvoient être purs dans le principe, aussi le Roi ne mit-il point de bornes à ses sacrifices : mais bientôt égarée par des factieux, la multitude oubliant tout ce qu'il y *avoit de bon et de grand,* changea son *saint enthousiasme* en un paroxisme révolutionnaire qui convertit la France en une arène de gladiateurs et ne laissa plus rien de possible que le crime. Qu'on

me permette de couvrir d'un voile pieux les plaies hon-
teuses de ma malheureuse Patrie.

Ce que dit l'Auteur relativement à notre Roi actuel,
est vrai : il défendit les droits du peuple, mais il n'eut
que le mérite de ratifier les sacrifices que son auguste frère
avoit déjà faits, et de justifier ce que disoit un auteur
anglais : « Non, la race des Bourbons n'est pas faite pour
» la tyrannie : c'est le modèle de la bonté. Aussi le spiri-
tuel et naïf *Sterne* se sentoit-il le cœur dilaté, quand il
avoit vuidé quelques rasades à la santé des Bourbons.

Texte. Les saturnales de 93 n'ont pu effacer le nom sacré
de liberté. La dynastie par laquelle il sera respecté, demeurera
seule permanente.

Observations. Je ne sais pas trop si, depuis la révolution, on a bien connu la liberté en France. En 1791,
on en avoit fait une tricoteuse des tribunes; en 93, c'étoit
une furie armée de brandons et de serpens; le traves-
tissement que lui donna le directoire étoit aussi hideux
que ridicule; *Buonaparte* en fit disparoître jusqu'à l'ombre,
de sorte que, si *Louis-le-Désiré* n'étoit pas venu la réveiller
et la reproduire sous ses véritables traits, elle auroit bien
pu dormir aussi long-temps qu'Epiménide et nous échapper
pour toujours. Aujourd'hui que nous la tenons, ne l'effa-
rouchons plus par nos excès et nos folies, et n'oublions
pas que le trône et la Charte sont les seuls abris où elle
puisse se plaire : *Numquam libertas gratior extat quam sub rege pio.*

Texte. Ces droits acquis au prix de tant de sang, sont la
souveraineté du peuple.

Observations. La souveraineté du peuple est un de ces
mots *magiques* dont on a sans cesse frappé nos oreilles
depuis la révolution; on nous a fait accroire que la souveraineté est dans la multitude, pour persuader aux

individus qu'ils ne devoient la reconnaître nulle part, et,
qu'ils pouvoient se comporter comme dans l'état de
nature, où chacun ayant droit à tout, la multitude n'a
droit à rien, ce qui constitue le véritable état de guerre dont,
on n'est sorti que par la formation des sociétés légales.
Tant que cette opération n'avoit point eu lieu, l'aggréga-
tion des individus formoit bien une multitude mais pas
un peuple. Un contrat intervint par lequel chaque individu
prit l'engagement envers tous les autres, de faire le sacrifice de son indépendance, en faveur d'une ou de plusieurs,
personnes qu'ils préposèrent au Gouvernement de la chose
publique. Ce double contrat solennellement stipulé et
accepté devient irrévocable; il ne constitue pas seulement
une délégation de souveraineté, mais une aliénation complète; je pourrais dire la même chose de la souveraineté
qui dérive du pouvoir paternel, mais cela me mèneroit
trop loin. Au surplus ne nous perdons pas dans des
abstractions métaphysiques, et respectons une autorité
légitime et bienfaisante, sans nous fatiguer l'esprit à en.
examiner la source.

« L'art de bouleverser les États, dit Pascal, est d'ébranler
« les coutumes établies, en sondant jusques dans leur source,
« pour y faire remarquer le défaut d'autorité et de justice.
« Il faut, dit-on, recourir aux lois fondamentales et pri-
« mitives de l'État qu'une coutume injuste a abolies, c'est
« un jeu sûr pour tout perdre. Rien ne sera juste à cette
« balance. Cependant le peuple prête l'oreille à ces discours;
« il secoue le joug, dès qu'il le reconnaît; et les grands
« en profitent à sa ruine, et à celle de ces curieux exami-
« nateurs des coutumes reçues; mais par un défaut con-
« traire, les hommes croient quelquefois pouvoir faire
« avec justice tout ce qui n'est pas sans exemple.

(23)

Texte. Une représentation nationale par élections ; l'imposition des taxes par les représentans du peuple.

Observations. La Charte vous assure ce double avantage.

Texte. L'indépendance des juges et le jugement des citoyens par leurs pairs.

Observations. Vous avez tout cela : vous êtes plus heureux que les départémens naguères détachés de la France : le Gouvernement de la Belgique a supprimé l'institution du jury, et rétabli la procédure secrète, en attendant mieux.

Texte. L'égalité de tous aux yeux de la loi ; la responsabilité des ministres : la liberté des individus, de la presse et du culte religieux : l'abolition des confiscations, l'oubli du passé, l'irrévocabilité de la vente des domaines nationaux, etc.

Observations. Sous tous ces rapports nous n'avons rien à desirer : la Charte a tout prévu. Aucun privilège ne détruit l'égalité politique : les ministres sont responsables, il y a plus, leur responsabilité est solidaire. La liberté individuelle est garantie ; celle de la presse n'est circonscrite que par les limites que la raison et la saine morale ont posées. Les catholiques, les sectaires et les juifs exercent tranquillement leur culte. Les lois et les ordonnances de police pour la fixation des jours de repos ne blessent la conscience de personne, et n'effarouchent que ceux qui prennent leurs intolérantes fantaisies pour la mesure des devoirs du législateur ; le Roi a tout oublié, excepté les actes de vertu ; aucune vente de biens nationaux quelqu'illégale qu'elle fût, je ne dis pas dans son principe, mais dans les formes même de l'acte, n'a été résiliée. Que demandez-vous de plus ? mais on a raison de dire qu'il n'y a pas de sourd aussi déterminé que celui qui se bouche les oreilles pour ne pas entendre.

Texte. Voilà les droits sacrés contre lesquels le pouvoir humain n'a point de force, le Prince qui tenteroit de les violer s'attireroit la haine du peuple et périroit. Nulle puissance ne peut résister à la force de l'opinion publique ; si cette vérité a été jusqu'à présent méconnue, elle doit cesser de l'être. Il ne faut pas que le Souverain toujours jaloux de la liberté de ses sujets, fasse de vaines promesses, dans le dessein de pouvoir les violer avec impunité : le règne de la fraude et du despotisme est passé, il n'est plus possible de fasciner l'œil du public avec une ombre de liberté, et de nous conduire finalement dans l'abîme de l'esclavage. Les principes de la Nation sont invariables et méritent toute votre considération. Votre gloire, Sire, et plus encore votre propre sûreté dépendent de leur intégrité, et souvenez-vous que que cette Constitution qui déclare votre personne sacrée, n'offre d'asile qu'au juste administrateur des lois, et non à leur infracteur, et que, si le prince met de côté la Constitution, pour attaquer le peuple, celui-ci, dans son désespoir, peut en faire de même et chercher ailleurs des armes pour se défendre.

Observations. Craintes chimériques, belles phrases sans justesse : je crois entendre le valet *d'Amphytrion*, se vanter d'avoir vaincu les Thébains, quoiqu'il fût resté dans un cabaret pendant la bataille.

Ce que dit ici l'Auteur de la toute puissance de l'opinion publique est démenti par les faits ; l'opinion comme la loi n'a qu'une force morale que la force physique enchaîne ou détruit ; *Buonaparte* s'en est toujours moqué, et ce n'est point elle qui a renversé son trône ; il l'a tenue asservie pendant quinze ans, il l'a dénaturée pour la rendre l'organe forcée de ses caprices, ou pour légitimer ses forfaits. Il a toujours méconnu les droits sacrés dont l'Auteur fait une aussi pompeuse énumération ; et sans les défaites de Moscow, de Leipsick et de de Waterloo, cette vieille sybille suivroit encore captive le char de l'usurpateur, et ne rendroit ses oracles que par la bouche d'un Sénat servile, ou par des votes obscurs et complaisans dont la bassesse n'étoit pas tout-à-fait couverte par la taciturnité des législateurs. Aujourd'hui que nous avons un Corps-législatif librement élu par la Nation, dont les lèvres ne sont plus rejointes par le cadenat du despotisme, *l'opinion publique* peut exercer son empire, le Roi n'a rien à craindre de la manifestation de la vérité; il mépriseroit tout autre langage : mais aussi ne nous méprenons pas, ne confondons point *l'opinion publique* avec les rêveries des libellistes ou faiseurs de journaux aux gages d'une faction qui ne trouveroit rien de si beau que de tout désorganiser, parce que le bon ordre est un élément dans lequel elle ne peut pas vivre, ni laisser vivre personne.

Texte. Les rapports intérieurs du pays étant une fois établis par vous, sur des bases solides et libérales, ses relations extérieures prendront un caractère plus sincère et plus honorable.

Observations. Graces au Roi, nous arriverons à ce but; sans lui nos relations extérieures n'auroient pas pris un brillant caractère. Les ministres des puissances alliées avoient déjà déclaré que la morale de la France ne ressembloit à la morale d'aucun autre peuple de l'Europe. Nous eussions, je le répète, été traités comme des juifs, si notre bon Roi n'eût réconcilié la France avec le monde: il a rempli pour nous l'office de médiateur et de réparateur, comme *Jésus-Christ* l'a fait pour le genre humain.

Texte. Que toutes les ruses de la diplomatie, regardées si long - temps comme une science, soient exclues du cabinet des princes : dans les temps où les Nations étoient faites pour les trônes, et non les trônes pour les Nations, où l'ambition, le caprice et la force décidoient du sort du monde, on a bien pu prendre la fourberie pour un art, la fausseté pour une vertu, et la violence pour un droit ; mais maintenant l'opinion publique proclame d'autres maximes : les trônes sont élevés pour le peuple et par le peuple.

Observations. A quelques expressions près, toutes ces rêveries sont tirées textuellement d'un discours prononcé par *Robespierre* à la tribune de la convention : il déclamoit aussi contre la diplomatie, il ne vouloit d'autres instrumens de négociations que le canon et la guillotine : notre Auteur est sans doute plus humain, mais est-il plus raisonnable ? tant qu'il y aura des gouvernemens, il y aura de grands intérêts à discuter, par conséquent de la diplomatie et des diplomates. Dépouillez la diplomatie de toute espèce de ruse et d'adresse, comme les procès de toute espèce de chicane, vous aurez résolu un problême tout aussi difficile et plus intéressant que celui de la proportion du carré au cercle. Quant au peuple, tenons-nous en à ce que dit *Montesquieu, qu'il faut tout faire pour lui et rien par lui.*

Texte. Le siècle où nous sommes n'a aucune ressemblance avec ceux qui l'ont précédé.

Observations. C'est possible ; mais au fond, c'est toujours et partout la même masse de vertus, de crimes, de lumières, de folies, de sagesse et de délire. Ce n'est pas la peine de crier si haut.

Texte. Jamais la raison n'a obtenu un triomphe plus éclatant, sur les préjugés. Le fanatisme de toutes les espèces est exposé à l'horreur des hommes, il n'y a aucun français qui n'ait acquis une juste connaissance de ses droits, de sa dignité et du devoir des Rois.

Observations. Buonaparte revenant de Moscow, cria beaucoup contre l'idéologie, il lui attribua tous les malheurs de la France. Peut-être, dans le principe, avoit-il raison. Le philosophisme a creusé l'abîme d'où la France ne seroit jamais sortie, sans la protection d'un Roi éminemment religieux. Dans le système de l'Auteur et de tous les écrivains de son parti, les préjugés ne sont que les opinions sur lesquelles reposent l'autel et le trône : voila ce qu'il entend par *fanatisme de toutes les espèces.* Expliquons-nous franchement sur cet objet.

La philosophie dont on fait un aussi pompeux étalage nous offre-t-elle les mêmes ressources que la religion chrétienne? Les préceptes de *Senèque,* d'*Epictète,* valent-ils la morale évangélique? ceux-ci nous disent ce qu'il faut faire, celle-là nous donne les moyens d'exécution ; les premiers définissent les vertus, l'autre nous en inspire le goût; les uns ne connoissent que la raison, l'autre nous soumet à l'empire de la raison et du sentiment; les premiers nous conseillent d'être sages, la seconde nous conduit à la sagesse par le bonheur. Les philosophes fondent notre conviction sur la nécessité, les moralistes chrétiens n'ont que notre félicité pour objet. Les premiers nous engagent à éviter les précipices, les seconds nous en retirent quand nous avons eu le malheur d'y tomber. Foibles embryons que nous sommes, oserions-nous sonder les décrets de l'Éternel, quand nous sommes de toutes parts accablés de ses bienfaits!

Une religion qui nous prend au berceau, et ne nous quitte que lorsque nous allons goûter dans toute leur plénitude les délices qu'elle nous a promises ; une religion qui a civilisé l'Europe et détruit l'esclavage personnel ; une religion à laquelle le génie doit ses prodiges et le cœur ses plus douces jouissances, méritoit bien nos hommages et des Autels. On institua un culte extérieur dont les cérémonies imposantes fussent moins la mesure des bienfaits de la divinité, que celle de la reconnaissance et de la vénération de ses adorateurs. C'est par les sens que l'on parvient à l'imagination qui est elle-même la route du cœur. Quoi de plus propre que les solennités de l'Église romaine à échauffer l'une et à pénétrer l'autre ? les sectateurs les plus outrés du philosophisme, les plus implacables ennemis de la religion admiroient eux-mêmes ses cérémonies majestueuses; ils convenoient tous des impressions touchantes qu'elles devoient laisser dans l'esprit du peuple, de la grandeur qu'elles donnoient à ses idées, du contre-poids qu'elles formoient à ses penchans. Avons-nous été plus heureux dans ce temps de barbarie où la pierre du sanctuaire fut traînée dans la fange, où les prêtres furent égorgés, où les saints mystères furent tournés en dérision, où la maison des prières devint une caverne de brigands? Ah! sans doute, de grands abus s'étoient introduits dans l'exercice de notre culte, la licence du siècle avoit gagné plusieurs de ses ministres. La dépravation de quelques uns ne connoissoit plus de bornes. La philosophie moderne fut la principale cause de tous ces désordres. En corrompant la morale publique, en donnant à la pudeur le caractère de la sottise, en affectant de la tourner en ridicule et d'en deshonorer le principe, nos vils sectaires firent du vice leur idole. Les foiblesses du cœur humain furent par eux divinisées; la prostitution approcha des ministres de la religion, et tel homme gorgé de richesses et chargé par état de nous prêcher la vertu, de nous enseigner la religion, avoit commencé par faire de la déesse de Paphos l'objet de son premier culte. Du sopha d'une courtisane, il s'étoit élevé sur l'autel du Dieu des Vierges. Ces abus se sont évanouis; de grandes infortunes les ont expiés; le clergé de France est maintenant organisé de manière à justifier la confiance d'un Souverain qui ne veut régner que par la religion.

Cette philosophie dont on ne cesse de célébrer les merveilles, a parfaitement réalisé le bon mot d'un de ses principaux sectaires qui la comparoit à une poudre corrosive, qui, après avoir mangé les chairs inutiles, finissoit par consommer tout le corps. Quels ont été les chefs de cette science si fatale à l'humanité ? jugeons-les par leur caractère, leurs procédés et leurs mœurs : sans remonter aux siècles, sans remuer les cendres des *Epicure* et des *Diagoras*, sans puiser nos exemples chez les Nations étrangères, examinons ceux que la France nous offre, et dont elle a cru long-temps pouvoir s'enorgueillir; je ne parlerai point de *Descartes*, ni de *Mallebranche*, ni de *Gassendi*, ni des autres grands hommes qui, connaissant les bornes de l'esprit humain, et trop sages pour tout subordonner à leurs systèmes, n'ont décomposé la nature que pour rendre un hommage plus solemnel à son Auteur. Je ne considère ici que ces architectes, ou plutôt, que ces manouvriers de morale et de politique qui, emportés par la fougue d'une coupable audace, vouloient modeler les États sur leurs ridicules principes d'égalité, extirper le dernier germe de la religion, enter la liberté de l'homme sur l'anéantissement de tout frein, sur la plus affreuse dissolution; prétendoient le conduire au bonheur, en fermant son ame à tous les sentimens de la nature qu'ils remplaçoient par les plus grossiers penchans et les plus cyniques habitudes.

Quel homme fut plus méprisable que ce *Voltaire* que les philosophes modernes ont proclamé leur patriarche! quel homme fut plus petit, plus hargneux, plus poltron, plus intolérant! Adulateur des grands dont il affectoit dans ses écrits de mépriser les chaînes, sans cesse aux pieds de l'idole du jour; incapable de ressentir ni l'amour, ni l'amitié; n'ouvrant son cœur à la reconnaissance, que, lorsque l'intérêt personnel faisoit vibrer chez lui les ressorts de la crainte ou de l'espoir; irascible, haîneux, ami peu sûr, ennemi cruel, mobile comme l'onde agitée, aujourd'hui sceptique, demain croyant, impie quand il se portoit bien, superstitieux quand il avoit une indigestion : tel fut *Voltaire*; autant j'admire son génie, autant j'estime peu son ame. La vertu quelquefois en effleura la surface, mais ne vint jamais à bout d'en pénétrer la substance.

Que dirai-je de *J.-J. Roussseau* dont les écrits échauffent, embrâsent les cœurs? qui ne le croiroit tout plein des sentimens qu'il exprime avec autant de chaleur et de vérité? apprenons enfin à connaître cet homme. Il passe les plus beaux jours de son adolescence dans les bras d'une prostituée dont il a l'impudence de révéler et de diviniser les infâmies; l'adultère n'a rien qui l'effraye; deux ou trois femmes déhontées obtiennent ses premiers hommages. Arrive-t-il à Paris dans un âge où l'expérience, la raison et le besoin devoient le mettre en garde contre les désordres de ses sens? il forme la liaison la plus étroite avec une fille de rencontre : cinq enfans nés de ce honteux commerce, sont par lui barbarement abandonnés et confondus avec ceux du malheur et de l'opprobre; non-seulement *Rousseau* se livre de sang froid à ces indignités, il a encore l'affreux courage d'en faire parade et de les justifier par des sophismes. Après avoir mené la vie d'un espèce de chevalier errant, après avoir étonné par son génie, corrompu son siècle plus encore par ses dangereux paralogismes que par le séduisant tableau de ses écrits; devenu misantrope, ennemi de lui-même, cessant de croire à la vertu qu'il n'avoit jamais pratiquée, tourmenté par son imagination qui lui représentoit chaque européen comme un ennemi déchaîné pour le perdre, il expire en laissant l'affreux soupçon d'avoir abrégé la carrière de son existence. Ah! sans doute, je ne dispute pas à *Rousseau* ses titres à l'admiration de ses contemporains, ses ouvrages font mes délices, l'homme sensible s'y montre à chaque page; l'amour de la vertu semble en avoir dicté plusieurs; combien donc ne devons-nous point haïr le philosophisme, pour avoir converti en pygmée un homme qui pouvoit être le premier de son siècle, qui pouvoit s'élever au-dessus de ses rivaux, comme le cèdre du Liban au-dessus des frèles arbustes. Mais cet homme malheureusement séduit par l'illusion d'un amour propre sans frein, d'une sensibilité sans règle, ne fut que singulier lorsqu'il pouvoit être sublime : sa célébrité ne sera jamais que celle d'Erostrate, parce qu'au travers des prestiges de son éloquence, on découvrira toujours l'affreux venin qui fit tant de ravages dans les mœurs, pendant la dernière moitié du dix-huitième siècle.

Je ne parlerai point ici de *Diderot*, de *d'Alembert*, ni des autres coryphées de la philosophie moderne : leur conduite ne fut qu'un perpétuel attentat à la religion et à la saine morale. Frédéric II qui se mêloit aussi du métier, et qui connoissoit à fond les artisans du grand œuvre, disoit souvent *que, s'il avoit une province de ses États à punir, il la feroit gouverner par des philosophes :* vérité d'autant plus précieuse qu'elle sort d'une bouche qui sembloit faire *chorus* avec les *Voltaire*, les *Raynal*, les *d'Argens* et les *Lametrie*, lorsqu'ils s'efforçoient d'écraser *l'infâme*, c'est-à-dire de briser les trônes et les Autels. Frédéric engoué des talens de ces illustres philosophes, voulut savoir si leurs procédés s'accordoient avec leurs belles maximes; il en fit venir plusieurs à sa cour, approfondit les sottises de leurs petites cervelles, et les retint toute fois près de lui, les regardant comme d'assez agréables bouffons.

Si nous jettons un coup-d'œil sur les hommes dont parmi nous la religion a formé le cœur et développé le génie, quel spectacle imposant et sublime! quel magnifique alliage de tous les talens, de toutes les vertus! le siècle de Louis XIV n'est-il pas celui des *Bossuet*, des *Fénélon*, des *Pascal*? et d'une multitude d'hommes célèbres que le christianisme a le droit de revendiquer comme ses plus fidèles partisans? soutiendra-t-on, après cela, que les dogmes religieux rétrécissent l'ame et énervent l'imagi= nation? *Racine* devenu dévot composoit *Athalie* dans la sainte solitude de Port-royal. C'est en méditant sur les beautés de notre religion, c'est en pénétrant son cœur, qu'il parvint à ressusciter la voix des prophètes. Quel logicien aussi foudroyant que *Bourdaloue*? quel orateur aussi pathétique que *Massillon*? quel poëte aussi sublime que l'Auteur de *Polieucte*? les merveilles enfantées par ces génies u premier ordre, n'ont-elles pas été l'ouvrage du saint en= thousiasme qui embrâsoit leurs ames? De nos jours, l'évêque de Senèz n'a-t-il pas fait revivre l'éloquence de Démosthène? le sage et immortel Auteur d'Anacharsis n'unissoit-il pas l'amour de la religion à celui des lettres? le trop fameux *Voltaire* lui-même, dans un de ses accés religieux, n'a-t-il pas créé *Zaïre*? *Sicard* et *Châteaubriant* sont-ils des avortons? que dis-je? le christianisme est l'ame des beaux arts, c'est le feu de *Prométhée* qui anime l'argile. N'est-ce pas à lui que nous devons le *jugement dernier* de Rubens, la *transfiguration* de Raphaël, le *Stabat* de *Pergolèze* et le *requiem* de *Mozart*? mais à quoi bon m'étendre sur des vérités aussi sensibles? de tout ce que je viens de dire, il faut donc tirer cette conséquence ; que *Louis-le-Désiré* ne peut donner un éclat plus brillant et plus solide à la gloire de son pays, qu'il ne peut asseoir notre prospérité sur des fondemens plus durables, qu'il ne peut mieux mériter le titre de père de la patrie, qu'en s'annonçant comme l'enfant de la religion, qu'en forçant l'impiété de rentrer dans les sombres cavernes, d'où l'avoient tirée nos esprits forts pour la naturaliser parmi nous.

Texte. Sire, devenez un homme du présent âge, et rappelez souvent à votre esprit ce bel avis d'*Antigonus* à son fils : que les Rois doivent se dévouer entièrement au bien de leur peuple ; qu'ils sont institués pour gouverner et non pour dominer, et qu'enfin la puissance royale n'est qu'un fastueux esclavage.

Observations. Le père *Antigonus* étoit sans doute un fort brave homme, mais je trouve ses leçons un peu triviales, je suis sûr que son fils pensoit comme moi, un roi ne monte jamais sur le trône sans connoître ses premiers devoirs.

Le style de cette lettre ressemble beaucoup à celui d'une mauvaise mercuriale, absolument dépourvue de logique. En écrivant à Sa Majesté, l'Auteur auroit dû respecter les vertus du Monarque, et redouter la censure de l'homme profondément instruit.

CONSTANTIN.

Lille, le Nov.

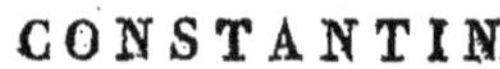

De l'imprimerie de Mme Ve DUMORTIER, rue des Manneliers, à Lille.